美国小学主流科学教材

【美】杰伊·哈克特 等著
张 俊 邓小耶 等译
郝京华 审定

栖息地 2

Habitats

浙江教育出版社·杭州

本版特色

- 兼顾授受式学习内容和探究式调查活动。
- 采用5E（Engage参与，Explore探究，Explain解释，Extend/Elaborate拓展，Evaluate评估）研究型教学模式。
- 增加工程和设计版块。
- 培养21世纪技能，如创新创造能力、协作能力、沟通能力、批判性思维与解决问题的能力等。
- 用个性化的生动图像激发学生的学习兴趣。
- 根据知识深度等级体系（Depth of Knowledge，简称DOK）设计评价和测试。

注：原版书中，A单元、B单元表示该内容属于生命科学领域，C单元、D单元表示该内容属于地球与空间科学领域，E单元、F单元表示该内容属于物质科学领域。中文版对此予以保留。

Program Authors

Dr. Jay K. Hackett
Professor Emeritus of Earth Sciences
University of Northern Colorado
Greeley, CO

Dr. Richard H. Moyer
Professor of Science Education and Natural Sciences
University of Michigan-Dearborn
Dearborn, MI

Dr. JoAnne Vasquez
Elementary Science Education Consultant
NSTA Past President
Member, National Science Board and NASA Education Board

Mulugheta Teferi, M.A.
Principal, Gateway Middle School
Center of Math, Science, and Technology
St. Louis Public Schools
St. Louis, MO

Dinah Zike, M.Ed.
Dinah Might Adventures LP
San Antonio, TX

Kathryn LeRoy, M.S.
Chief Officer
Curriculum Services
Duval County Schools, FL

Dr. Dorothy J. T. Terman
Science Curriculum Development Consultant
Former K-12 Science and Mathematics Coordinator
Irvine Unified School District, CA
Irvine, CA

Dr. Gerald F. Wheeler
Executive Director
National Science Teachers Association

Bank Street College of Education
New York, NY

Contributing Authors

Dr. Sally Ride
Sally Ride Science
San Diego, CA

Lucille Villegas Barrera, M.Ed.
Elementary Science Supervisor
Houston Independent School District
Houston, TX

American Museum of Natural History
New York, NY

Contributing Writer

Ellen C. Grace, M.S.
Consultant
Albuquerque, NM

Students with print disabilities may be eligible to obtain an accessible, audio version of the pupil edition of this textbook.
Please call Recording for the Blind & Dyslexic at 1-800-221-4792 for complete information.

connectED.mcgraw-hill.com

STEM McGraw-Hill is committed to providing instructional materials in Science, Technology, Engineering, and Mathematics (STEM) that give all students a solid foundation, one that prepares them for college and careers in the 21st century.

Send all inquiries to:
McGraw-Hill Education
8787 Orion Place
Columbus, OH 43240

ISBN: 978-0-02-136115-1
MHID: 0-02-136115-0

Printed in the United States of America.

7 8 9 10 11 12 13 14 15 QVS 22 21 20 19 18 17

Content Consultants

Editorial Advisory

The American Museum of Natural History in New York City is one of the world's preeminent scientific, educational, and cultural institutions, with a global mission to explore and interpret human cultures and the natural world through scientific research, education, and exhibitions. Each year the Museum welcomes around 4 million visitors, including 500,000 schoolchildren in organized field trips. It provides professional development activities for thousands of teachers; hundreds of public programs that serve audiences ranging from preschoolers to seniors; and an array of learning and teaching resources for use in homes, schools, and community-based settings. Visit www.amnh.org for online resources.

译 序

一部好教材欲保持其生命力的重要举措就是要不断地与时俱进，要随着社会的变迁、学术的进步不断地吐故纳新。浙江教育出版社引进出版的《科学启蒙(第二版)》就是这样的一部好教材。

比较这套教材的两个版本，不难发现，第一版显然依据的是1996年美国颁布的科学教育标准。1996年的科学教育标准有三个重要特点：(1)明确科学教育的目标是培养所有学生的科学素养（美国曾经有过把培养科学家作为科学教育培养目标的历史）；(2)强调要把科学本身的实际做法，即科学探究也作为科学教育的内容；(3)将科学课程的内容按“生命科学、物质科学、地球与空间科学”三个领域加以划分。第一版的《科学启蒙》较好地落实了课程标准的这些理念。

第二版依据的是美国2013年颁布的《新一代科学教育标准（NGSS）》。和1996年课程标准相比，2013年的标准有三个显著变化。(1)将科学探究扩充为“科学与工程实践”，明显强化了运用科学概念解决实际问题能力的培养。（2)强调科学大概念。标准提出了判断大概念的4个原则：①具有学科的意义，具有跨越多个学科领域的广泛的重要性，或者是本学科中组织相关知识的关键概念；②具有解释力，能解释许多现象；③具有生成性，能为理解和探究更多的概念和解决问题提供关键的工具，与社会、家庭相关；④能从幼儿园到高中螺旋上升。(3)强调了学科间的融合，不仅是科学、技术、工程、数学的融合，还有科学、语文、数学的融合。

第二版的《科学启蒙》教材真的是在与时俱进。首先，它在继续强调科学探究的同时，大大强化了工程设计部分，不仅在各领域各章节中增加了运用相关知识解决实际问题的机会，还在“做一名科学家”版块增添了有关工程设计的“聚焦技能”。第二，在强调科学大概念方面，教材不仅在各章节都有科学大概念的明确标示，还在各章结尾之处增加了科学概念和技能的测评。第三，在学科融合方面，教材不仅强化了科学阅读（包括文和图）和科学写作的指导，还强化了数学意识和能力的培养。

《科学启蒙》这套教材还有一个突出的亮点就是它精彩的图片。大量有视觉冲击力的照片和灵动的排版为教材增色不少，让人爱不释手。

它山之石，可以攻玉。中国正在进行着课程改革，也正在努力地缩短与发达国家在教育上的差距，引进国外好的教材不失为一种有效的捷径。不同的群体都可以从《科学启蒙》这套教材中获益。它为教材编写者提供了一个如何将内容与活动结合的范例，它给予科学教师教学活动设计的启迪，它为语文老师提供了如何指导学生科学阅读和科学写作的策略，就连出版社也可以从中获得科学教材排版方面的启示。除此，作为一套学生的科学阅读的材料，它也是一个不错的选择。

只有站在巨人的肩膀上我们才可以实现弯道超车，才可以追赶上发达国家，才可以实现伟大的中国梦！国家如此，科学教育亦然，让我们共同努力！

小学科学课程标准研制组组长、修订组副组长
南京师范大学教科院教授 郝京华

生命科学

目 录

Contents

做一名科学家

B单元　栖息地

参考

探究活动

做一名科学家

树蛙会把卵产在树叶上。

AMERICAN MUSEUM OF NATURAL HISTORY

科学技能

看一看，想一想

看到图中这只小青蛙了吗？你认为它是怎样趴在莲叶上的呢？

探究活动

怎样才能让一只青蛙趴在莲叶上？

活动步骤

1. **预测** 你觉得把青蛙放在莲叶的哪个位置，它才不会掉进水里？
2. **建立模型** 用蜡笔把纸盘涂成绿色，当作莲叶。
3. △**小心！** 在纸盘的中心戳一个小洞，用15厘米长的细绳穿过洞口，顶端打个结，下方拉紧。
4. 将系着细绳的纸盘放在装好水的水盆中，纸盘上面放一只玩具青蛙。
5. **记录数据** 将你放置玩具青蛙的各个位置画出来。

步骤4

材料

纸盘

绿色的蜡笔

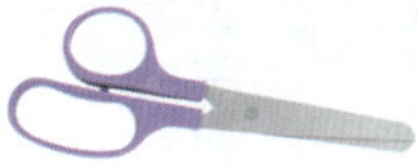

剪刀

细绳

水盆和水

玩具青蛙

科学家做什么？

科学家在做研究工作时，要使用许多技能。在上页的探究活动中，你想知道青蛙能趴在莲叶上的原因，于是做了上述探究。同样，科学家探究问题时也会建立模型（make a model）。模型是对生活中真实事物的一种模拟。

科学家还会使用其他技能，这些技能你也可以学习使用。比如，科学家会观察（observe）事物。通过观察一个池塘，他们可以发现许多奇妙的事物。

科学家会观察池塘附近植物的高度、颜色和形状。

科学家通过比较（compare）来辨别两个事物的相似点或不同点。观察本页中这两种生活在池塘边的动物，科学家是怎样比较它们的呢？

仔细观察这两种动物你会发现，它们都有翅膀，都生活在池塘附近。当然，它们也有很多不同的地方。科学家会根据事物的属性对事物进行分类（classify），将它们归为不同的群体。昆虫和鸟类就是不同的动物群体。

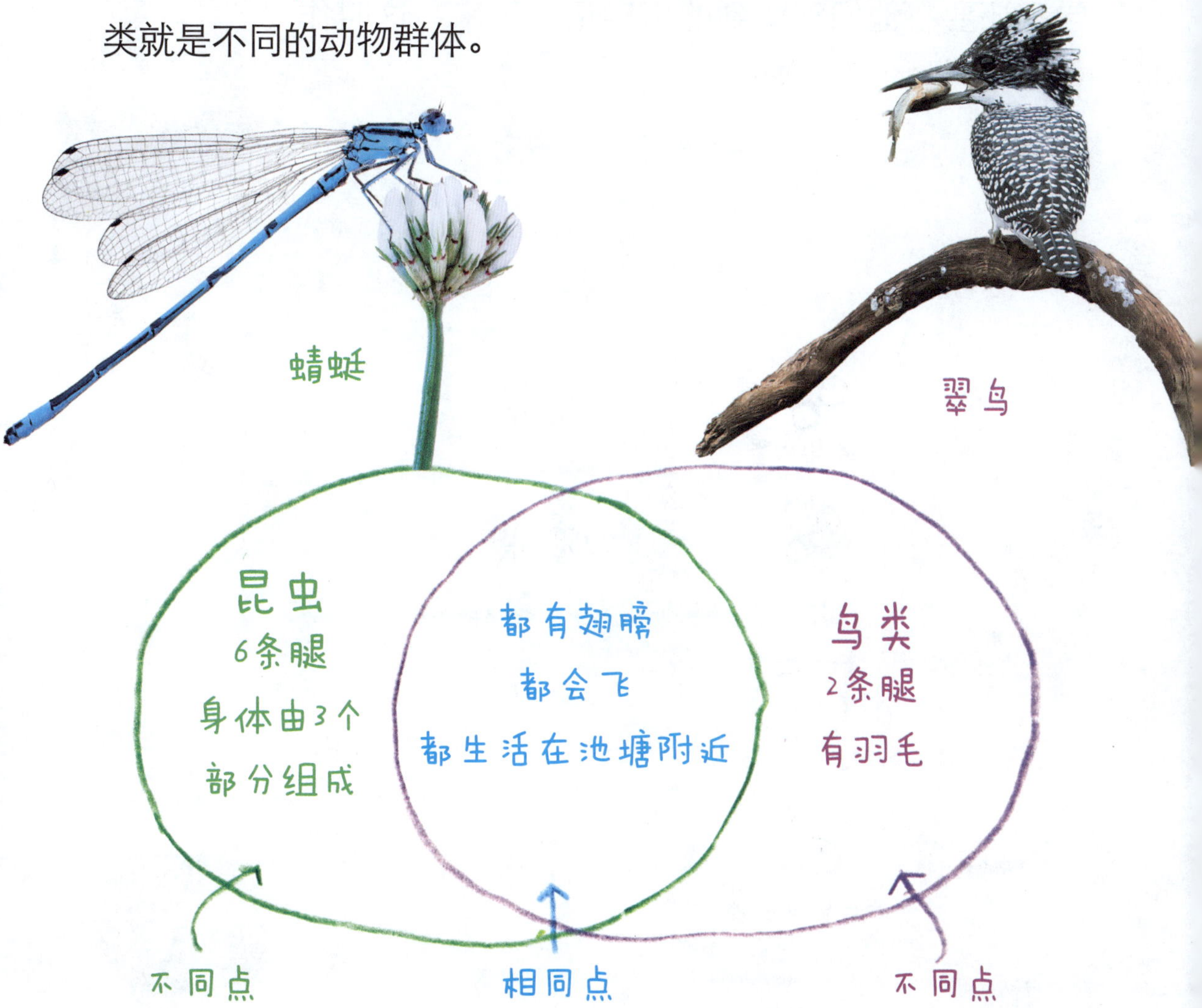

科学家会怎么做?

一起来看一看科学家在池塘附近发现的这些蛋吧！科学家会测量（measure）这些蛋的大小或质量。通过测量，他们就能了解物体的长度、质量和温度。

科学家通过测量获得的这些事实称为数据。科学家还要将他们观察到的事实记录下来，这叫作记录数据（record data）。

有多长	
海龟的蛋	3厘米
青蛙的卵	3毫米
鸭子的蛋	5厘米
知更鸟的蛋	2厘米

科学家在收集完数据之后，还会对这些数据进行排序。排序（put things in order）就是用某种标准将数据进行整理。例如，你可以按照大小将蛋进行排序。哪个蛋是最小的？哪个蛋又是最大的？

科学家使用的另一项技能是推理。推理（infer），就是运用一些已掌握的知识或线索，按照合理的逻辑来解释或判断问题，并得出推论。你能推断出上页的蛋分别属于本页的哪种动物吗？

青蛙

鸭子

龟

知更鸟

科学家如何研究新事物?

科学家通过调查来研究新事物。开展调查(investigate)前，需要制订一个计划，然后进行试验。

科学家的工作通常从提出问题开始，然后他们会预测这个问题可能会有哪些答案。预测(predict)就是根据已知的知识或信息，猜测接下来会发生什么，具有较大的不确定性。

观察本页蝌蚪和幼蛙的图片，请你预测一下，幼蛙接下来会变成什么样子?

得出结论（draw conclusions）就是根据你所观察到的现象来解释发生了什么情况。科学家根据上述探究，得出这样的结论：蝌蚪一开始生活在水中，长出四条腿后可以爬上陆地生活。

科学家还会与其他人交流他们的想法。交流（communicate）就是将你的想法写下来、画出来或者说出来，并与他人分享。

9月17日

我的青蛙观察笔记

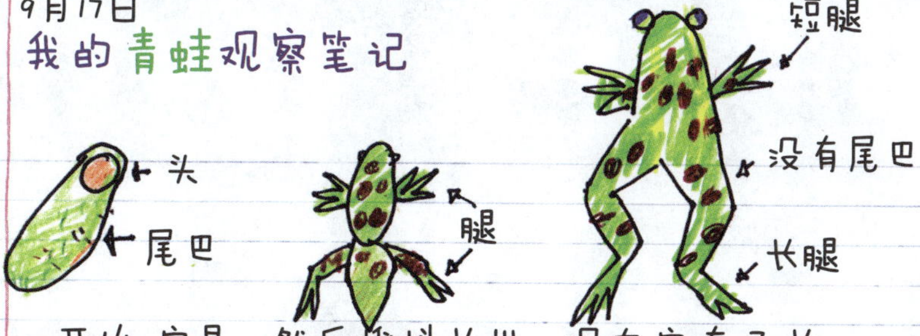

一开始，它是一只蝌蚪。

然后蝌蚪长出了腿，但它还有一条尾巴。

现在它有了长长的后腿，尾巴消失了。

我的结论：

青蛙长出了腿，能够在陆地上爬行和跳跃。

想一想，说一说，写一写

1. 科学家可以利用哪些技能来进行分类？
2. 如果你是一位科学家，你想要学些什么样的新技能？

科学方法

看一看，想一想

看到这只青蛙会游泳，你可能会想，它还会做哪些运动呢？科学家也会提出类似的问题。然后，他们再按照一定的步骤来找出问题的答案。

探究活动

青蛙是怎样运动的?

活动步骤

1. **观察** 仔细观察本页中的图片，思考一下青蛙是怎样运动的。
2. **记录数据** 在表格中列出你观察到的青蛙的不同运动方式。
3. **得出结论** 青蛙在做各种运动时，用到了身体的哪些部位？记录在你的表格中。
4. **交流** 青蛙是怎样运动的?

青蛙能跳多远？

科学家按照一定的步骤来进行调查，这些步骤叫作科学方法（scientific method）。下面是一名同学根据科学家使用的科学方法所做的探究活动。

观察

罗拉运用她所学的科学技能来观察教室里的青蛙。

提出问题

罗拉提出了一个问题。

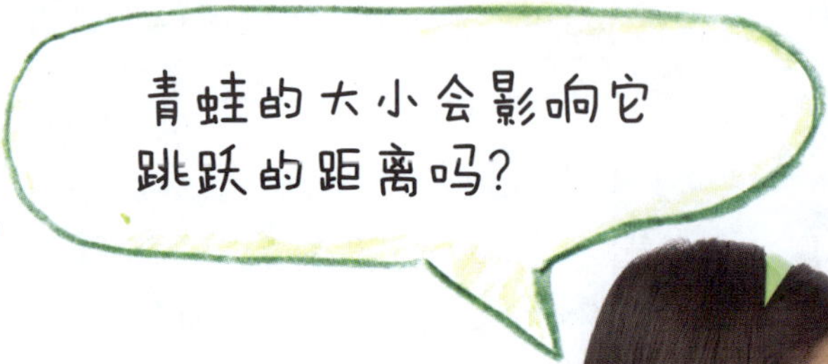

做出预测

罗拉预测的答案是“会”。她认为安迪会跳得更远，因为它的腿更长。

安迪

莫莉

制订计划

罗拉制订了一个计划来验证她的想法。她将计划写了下来，这样，其他人也可以按照她的计划来做实验。

我的青蛙跳跃计划

① 在地上画一条起跳线。

② 将一只青蛙放在起跳线后面，拍拍手让它跳起来。然后，测量青蛙跳了多远。

③ 选择其他青蛙，重复步骤②。

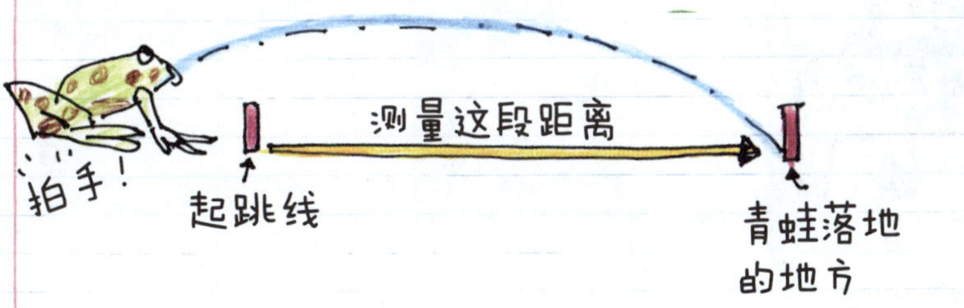

执行计划

罗拉按照她的计划完成了实验。如果这个计划行不通，那么她还需要修改计划。

你发现了什么？

记录结果

罗拉制作了一张图表，这张图表可以用来记录每只青蛙跳跃的距离。

每只青蛙可以跳多远

青蛙	第一跳	第二跳	第三跳
 安迪	20厘米		
 莫莉	25厘米		

重复实验

罗拉让每只青蛙都跳了三次，这样她可以确保实验测试的结果会更准确。

得出结论

罗拉对实验结果进行解释。

罗拉向同学们解释她的实验结果。这又带来了新的问题和进一步的研究。

你在探究的时候，可以遵循一定的科学方法。

科学方法

观察
↓
提出问题
↓
做出预测
↓
制订计划
↓
执行计划
↓
记录结果
↓
重复实验
↓
得出结论

想一想，说一说，写一写

1. 为什么对科学家来说，制订计划很重要？
2. 为什么科学家要将他们的计划写下来？

聚焦技能

科学和技术：设计过程

你曾提出过问题吗？如果有，你是怎么解决的？科学家利用设计过程（design process）来解决问题。

▶ 学习

在设计过程中，你首先要确定一个问题，接着要想出一个解决方案。解决方案是一种能解决你所提问题的方案，或寻找问题答案的方法、途径。你可以从你的朋友、老师那儿或者从书中获得一些启发，然后再设计你的解决方案。设计就是将你的想法画出来、写下来或者进行完善。

在学校学习时，你遇到过找不到学习用品这样的情况吗？你可以设计一种快速找到铅笔、蜡笔和其他学习用品的方案。

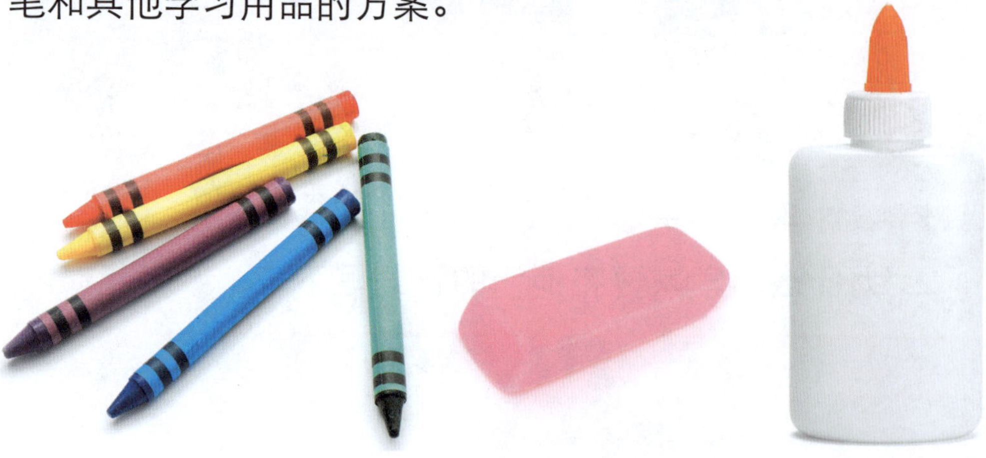

▶ 尝试

迈克尔设计了一个可以收纳各种学习用品的盒子。这个盒子里可以放铅笔、蜡笔、胶水和橡皮。

请你也设计一种能收纳学习用品的方案。把你的设计方案画成一张草图，并与老师交流。收集你所需要的实验材料，将你的设计方案制作出来并试试可不可行。

1. 你的设计方案和迈克尔的相比，有什么优缺点？
2. 你的设计方案能否解决你之前提出的问题？
3. 你会怎样改进你的设计方案？将改进办法写下来。

安全提示

当你看见“△小心”标志的时候，必须遵守下列安全规则。

遇到意外情况，比如实验材料意外打翻时，要立刻报告老师。

使用锋利的工具和玻璃时要小心。

必要时，按照要求戴上护目镜。

每次活动结束后要记得洗手。

保持活动场所整洁。活动结束后，要将活动场所收拾干净。

栖 息 地

巨蜴能用腿站立并发出咝咝声。

实践：建立模型

科学家通过建立模型（develop models）来帮助他们观察物体。当我们无法直接观察具体物体时，我们可以用模型做替代。模型能反映某个物体的外观或运作方式。

▶ 学习

动物必须在它们的生存环境中找到食物。有时，动物会用听觉觅食；有时，动物又会利用视觉或嗅觉觅食。动物的不同感觉器官与它们寻觅的食物种类有什么关系呢？动物不同的感觉器官与它们的每日活跃时间又有什么关系呢？

仔细观察下面的图片。容易在这个地方找到的食物有哪些？不容易找到的食物有哪些？

▶ 尝试

1. 假设有一只小型棕色动物正在躲避其他大型动物的追捕。对它来说，藏在哪里比较安全呢？除了颜色特征之外，还有什么办法可以帮助这只小动物躲避其他大型动物的追捕？

2. **建立模型** 你可以利用硬纸板、杂志上的照片和你画的图等材料制作一幅剪贴画。剪贴画中应该包含一些自然元素，比如树木、灌木丛、岩石等。

3. 将其中几只小动物放在剪贴画中显眼的位置，将剩余的小动物放在剪贴画中不太显眼的位置。

4. 与其他同学互换你们制作的剪贴画。看一看你能不能把其他同学图中隐藏的小动物都找出来。剪贴画中哪种动物最容易找到？哪种动物最难找到？

▶ 应用

假设你想在学校的操场附近为昆虫建造一个避难所，帮助它们躲避鸟类或者其他动物的捕食。首先请仔细观察昆虫的图片，想一想图片中的昆虫适合躲藏在哪些地方，你会做一个什么样的昆虫避难所？将这个地方的样子画出来。

第1章

栖息地

栖息地里有什么？

大概念

基本问题

第1课

栖息地里的植物和动物是怎么生存的？

第2课

动物怎样依赖其他生物生存？

第3课

为什么栖息地会发生变化？

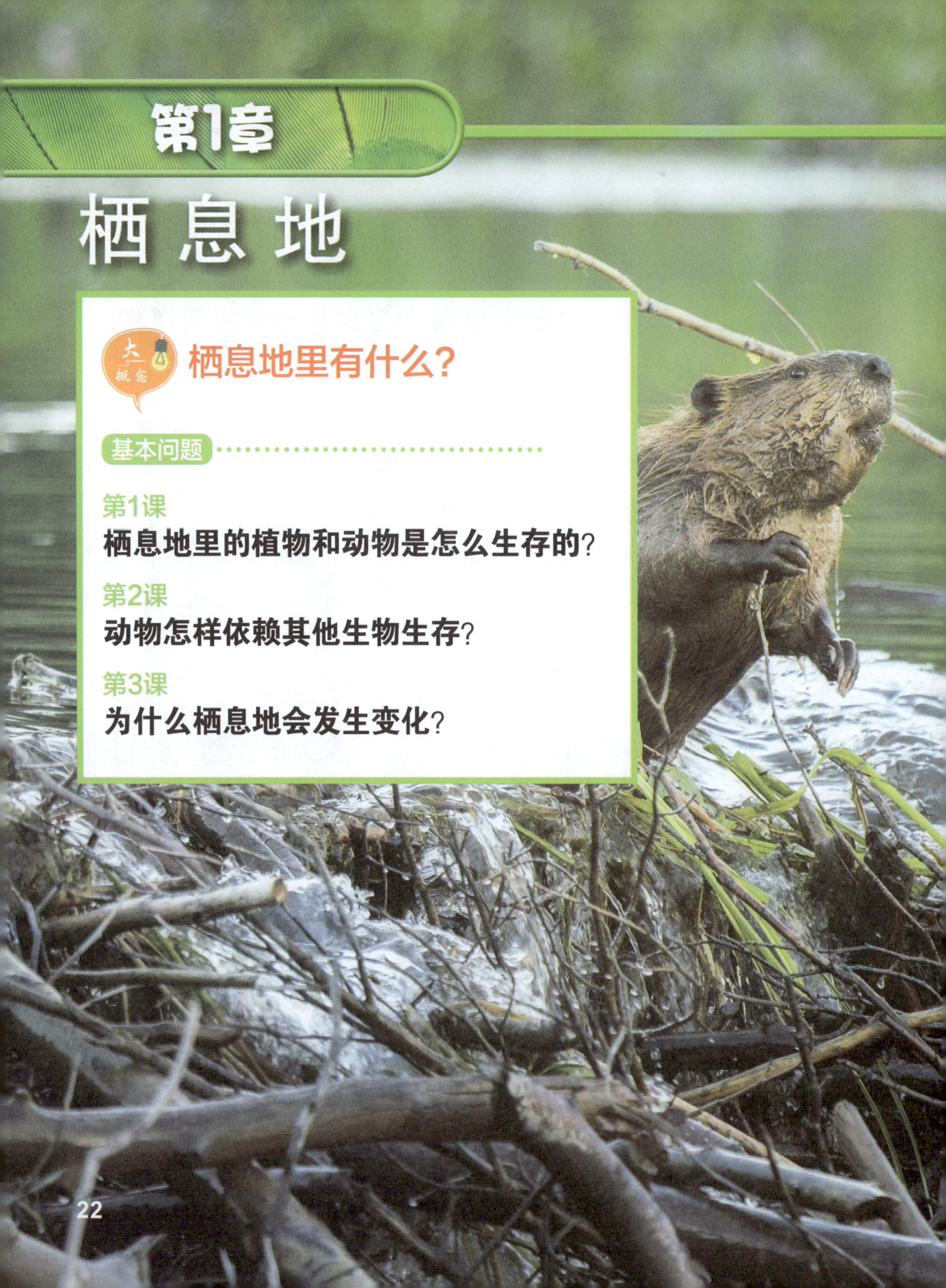

核心词汇

栖息地 动植物生活的地方。

捕食者 以其他动物为食的动物。

干旱 长期无雨或少雨的天气。

化石 保留在地层中的古生物的遗体、遗物或遗迹。

第1课

生活环境

看一看，想一想

从图片中你可以得到哪些关于这些动植物生活环境的信息？

探究活动

动物们生活在哪里？

活动步骤

1. **观察** 观察下图中的脚印，你认为这是哪种动物的脚印？
2. **推理** 这种形状的脚对这类动物的生活有什么帮助？与同学们分享你的想法。
3. 将这种动物及其生活的地方画出来。

进一步探究

4. **交流** 还有哪些动物可能与这种动物生活在一起？它们的生存需要哪些物质？它们如何获得食物和水？请绘制一张图表，并将相关信息填入图表内。

材 料

纸

蜡笔

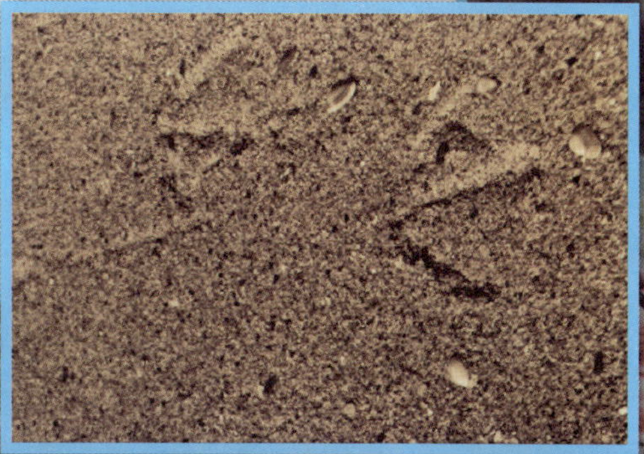

读一读，学一学

基本问题

栖息地里的植物和动物是怎么生存的？

词汇

栖息地

什么是栖息地？

栖息地（habitat）是指动植物生活的地方。在这里，动物可以找到它们生存所需要的食物、居所以及水；植物也能获得它们需要的土壤、水和阳光。动物和植物能生活在同一片栖息地中。

长满青草且气候温暖的环境

长满青草且气候湿润的环境

天寒地冻的环境

栖息地有各种各样的类型。有些栖息地经常下雨，有些栖息地非常干燥，有些栖息地经常狂风肆虐，还有些栖息地相当寒冷。

不同的动植物在不同类型的栖息地中生活。这些图片展示了几种不同类型的栖息地。

栖息地有哪些类型?

炎热、干燥的环境

生物如何利用栖息地里的资源？

动物的食物来源，一是生活在同一栖息地中的植物，二是生活在同一栖息地中的其他动物。

动物也利用它们的栖息地来藏身和休息。有些动物，比如鼹鼠，会挖地洞来寻找食物并藏身。还有些昆虫则生活在岩石的缝隙中。

森林栖息地

读　图

松鼠和蛇如何利用栖息地里的资源？

不同的植物，它们生存所需要的土壤也不尽相同：有的植物适合生长在砂质土壤中，有的植物适合生长在黏质土壤中。

生活在干旱地区的植物会想方设法地保留体内的水分，而生活在潮湿地区的植物则相反：这类植物的叶子通常会向下垂，这样，落在叶面上的雨水就可以迅速从叶片上滚落下来。

迷你实验

找任意一张栖息地的图片。用写和画的方式与同学们交流那里可能生活着哪些动植物。

动植物如何利用栖息地里的资源？

这种植物可以生活在干旱地区，它的叶子能储存水分。▶

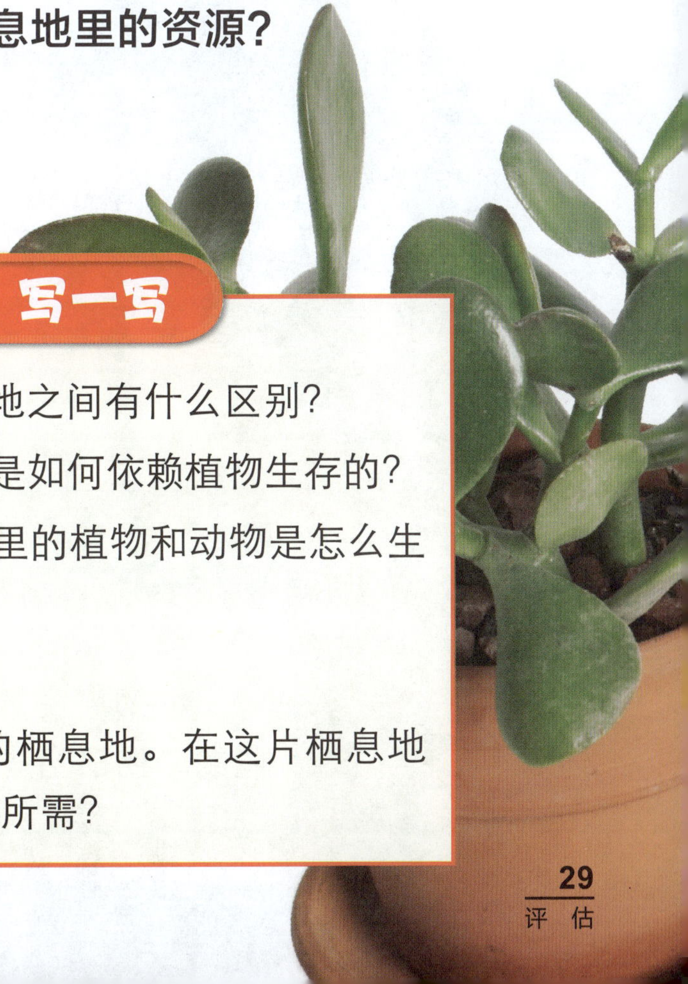

想一想，说一说，写一写

1. 总结　不同的栖息地之间有什么区别？
2. 在栖息地中，动物是如何依赖植物生存的？
3. **基本问题**　栖息地里的植物和动物是怎么生存的？

艺术链接

画出一片你向往的栖息地。在这片栖息地里，你将如何获得生存所需？

第2课

食物链和食物网

看一看，想一想

动物需要食物来维持生存。不同的动物都吃些什么呢？

探究活动

动物吃什么?

活动步骤

1. 植物需要阳光才能生长。本页图片中的哪种动物以植物为食?哪种动物又以其他动物为食?
2. 在黄色纸带上画出太阳，在绿色纸带上画一些草和树木，在红色纸带上画一只鸟，在棕色纸带上画一只蚱蜢。
3. **排序** 利用这些纸带做一个食物链。用胶水将它们按“吃”和“被吃”的顺序粘贴起来。
4. **交流** 向同伴描述你粘贴的食物链顺序。

进一步探究

5. 换另外三种动物重复这个实验。与同伴交流你会如何排序。

材 料

彩色纸带

蜡笔

胶水

什么是食物链?

读一读,学一学

基本问题
动物怎样依赖其他生物生存?

词汇
食物链
捕食者
猎物
食物网

食物链(food chain)是生物获得所需食物的顺序模型。大多数食物链从太阳开始。

自然界中有许多食物链。有些是陆生生物的食物链,有些是水生生物的食物链,还有些食物链中既包括陆生生物,也包括水生生物。

陆生生物的食物链

水生生物的食物链

动物可能以植物为食，也可能以其他动物为食。以捕食其他动物为生的动物称为**捕食者（predator）**。被捕杀的动物则称为**猎物（prey）**。

还有些动物以动植物的遗体为食，比如蠕虫。

迷你实验

交流　用木偶剧的形式演一条食物链。

你还可以找出哪些食物链？

蛇捕食蜥蜴。

鹰捕食蛇。

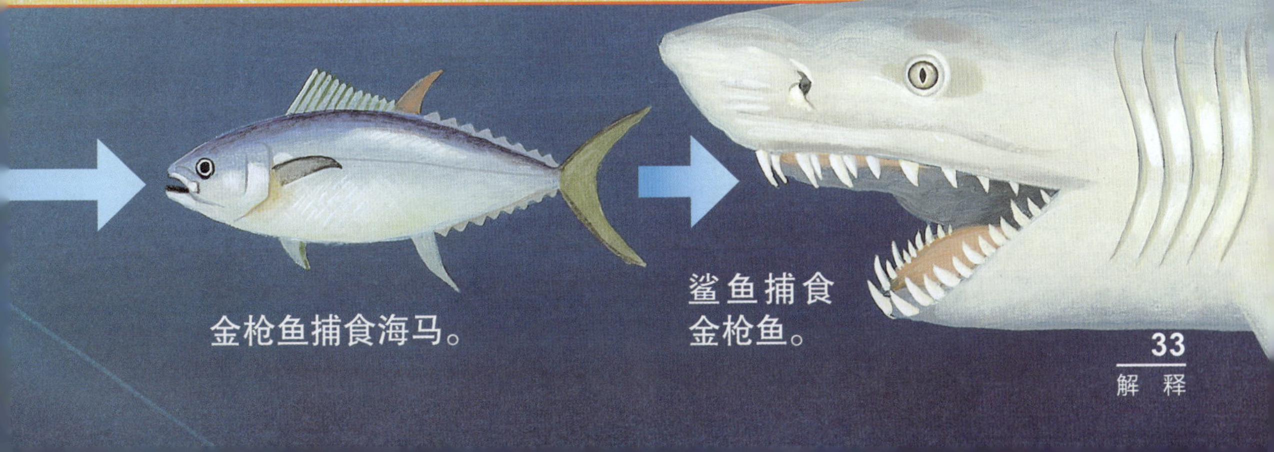

金枪鱼捕食海马。

鲨鱼捕食金枪鱼。

沙漠里的食物网

食物网中的箭头是从被捕食者指向捕食者。

读　图

在这个食物网中，有哪几条不同的食物链？

什么是食物网?

食物网(food web)是由两条或多条食物链交互组成的。有时，一种动物可能是其他多种动物的食物，比如老鼠可能被鹰、猫头鹰或蛇吃掉。

某一种动物也可能同时以其他多种动物为食，比如老鹰吃老鼠、兔子、青蛙和蛇。如果将这些食物链汇集在一起，就组成了一个食物网。

▲ 虫子是鸟的猎物。

食物网是什么样的?

想一想，说一说，写一写

1. 中心思想和论据　列举一个食物链的例子。
2. 什么是食物网?
3. **基本问题**　动物怎样依赖其他生物生存?

健康链接

一份健康的午餐应该是什么样的? 午餐中的这些食物来自食物网的哪些部分? 画出这个有你参与的食物网吧。

午餐中的食物网

艾玛今天的午餐是鸡肉三明治。她画了一个食物网来反映这些食物之间的关系。

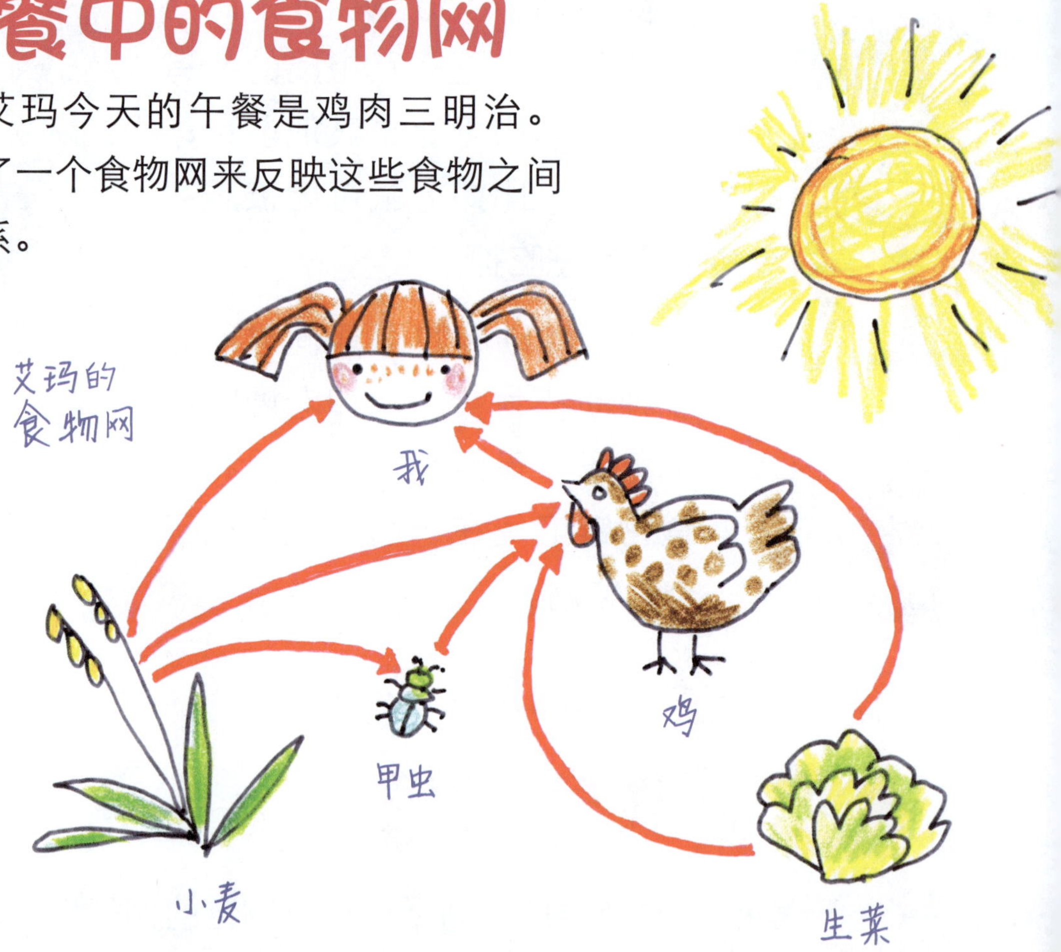

写作

解释艾玛是如何将鸡肉、生菜和小麦组成一个食物网的。请你根据艾玛画的食物网，画出自己午餐中的食物网。

提示

写说明文时，要按顺序描述清楚每个步骤。

蟾蜍的食物

大多数动物为了生存，需要吃各种不同的食物。

解决问题

周一，一只蟾蜍吃了3只蚱蜢。周二，它吃了5只蚂蚁。周三，它吃了4只蟋蟀。三天里，这只蟾蜍一共吃了多少只动物？

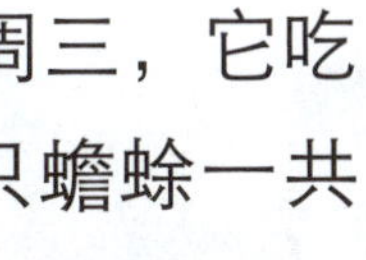

提示

你可以借助草图来设计问题的解决方案，然后在草图上画出你想加上或减去的项目。

第3课

栖息地的变化

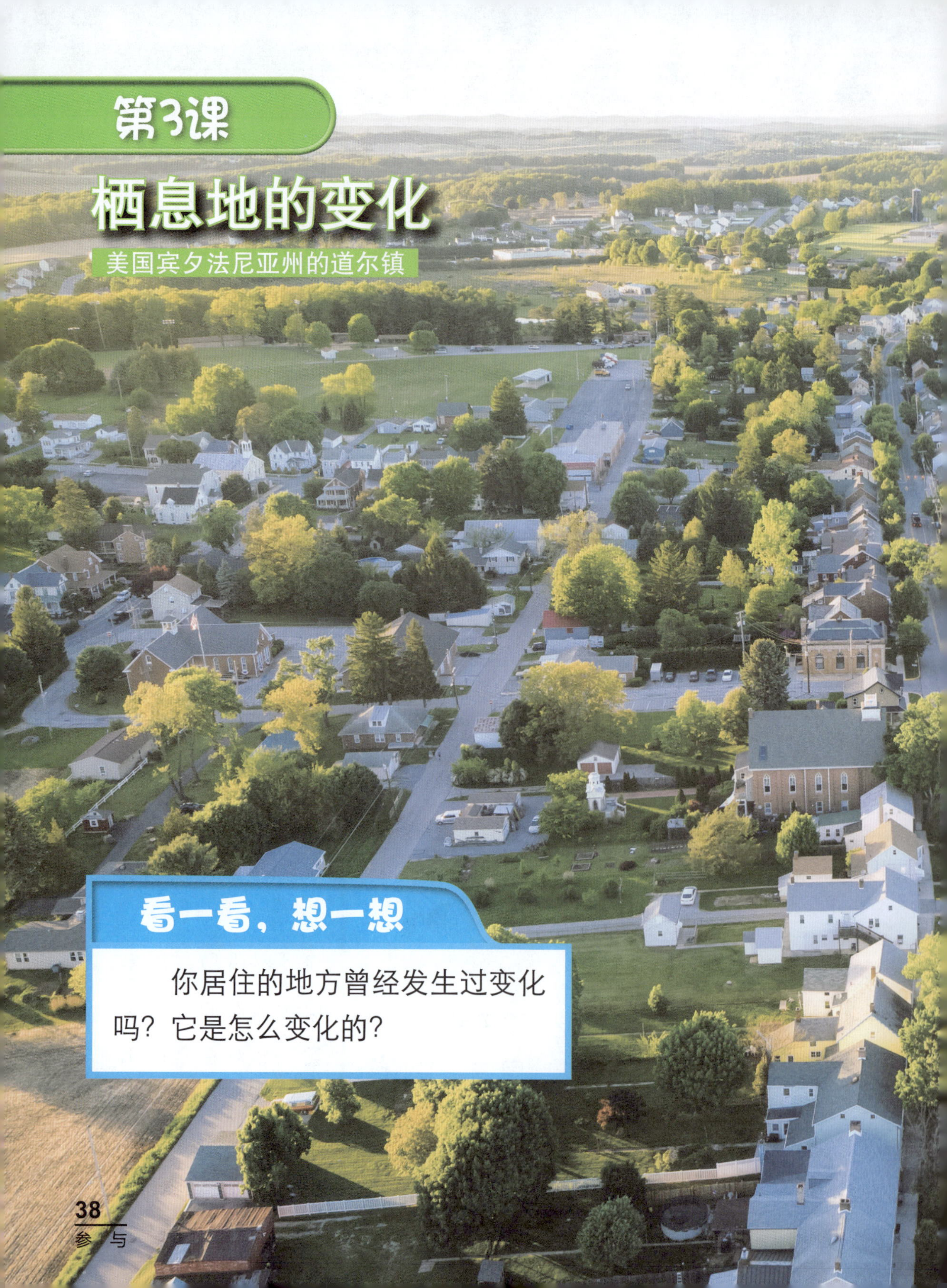

美国宾夕法尼亚州的道尔镇

看一看，想一想

你居住的地方曾经发生过变化吗？它是怎么变化的？

探究活动

栖息地突然改变，会导致什么后果?

活动步骤

1. 在一张大幅的纸上画出草地、树林和河流。
2. 将不同的动物分别放在它们生活的环境中。
3. 用积木搭建一些房屋和其他建筑物，建造一个有房屋和商店的小镇。
4. **交流** 那里的草地、树木和动物会发生什么变化?
5. **推理** 建造小镇对当地的动物、草地、树木、农场、河流以及居民有什么影响?

进一步探究

6. **预测** 如果这里要建造一条高速公路，会对这片区域产生什么影响?

材 料

大幅的纸张

蜡笔

动物玩偶和积木

步骤 2

读一读，学一学

▶ 基本问题
为什么栖息地会发生变化？

▶ 词汇
干旱
濒危
化石
灭绝

栖息地会怎样变化？

大自然中的栖息地会发生各种变化。干旱（drought）是指长期少雨或没雨的现象，而动植物的生存离不开水。干旱会导致栖息地发生变化。另外，洪灾和火灾也会改变栖息地。

干　旱

读　图

干旱会对栖息地造成什么影响？

动物可以改变栖息地。河狸会搭建水坝，水坝蓄水后会形成一个池塘。

人类也可以改变栖息地。人们建造房屋和各种建筑物，还会种植草坪、树木等，从而导致栖息地发生变化。

▲ 推土机可以帮助人们挖掘土地。挖掘土地会改变栖息地。

✔ 哪些活动会改变栖息地？

河狸搭建的水坝堵住了河流，于是这里形成了一个池塘。

栖息地的改变会带来哪些后果？

当栖息地发生改变时，动物就可能无法找到生存所需的物质，有些动物甚至会死亡。当一种动物数量剧减，仅剩少数个体存活下来时，我们就说这种动物已经**濒危（endangered）**。下面是一些濒危动物的图片。

迷你实验

画一组栖息地变化的连环画，并与同学交流这片栖息地为什么会发生变化。

美洲鹤

美洲鹤生活的沼泽地被人类开发利用了。

老虎

从前，人们为了获得虎皮而猎杀老虎。另外，滥砍滥伐也导致很多老虎失去了它们生活的家园。

当人们大量猎杀某些动物或者肆意开发它们所在的栖息地时，会导致这些动物濒危。

当栖息地发生变化时，一些动物能很快适应新栖息地的环境，继续生存下去。还有一些动物则会寻找一个新的生活环境，重新获得食物和居所。

为什么动物会濒危？

人们的开发破坏了许多海牛赖以生存的浅海地区，另外，捕鱼和打捞也对海牛有致命的伤害。

真相 由于受到人类保护，美洲短吻鳄现在已经不再是濒危动物了。

如何判断一个栖息地过去的模样？

科学家通过研究化石来了解地球的历史。**化石（fossil）**是保留在地层中的古生物的遗体、遗物或遗迹。科学家从他们发掘的动植物化石中获得关于这片栖息地过去风貌的线索。

有些化石与它们现在所在的栖息地并不匹配。于是，科学家推测这片栖息地已经发生了巨大的变化。

观察科学家在这里发现的化石。你觉得这片栖息地过去是什么样子的？

你认为这种动物是怎样运动的？为什么？

那些古老的动植物物种，有些至今仍然存在，有些则已经灭绝（extinct）了，留给我们的只有它们的化石。化石可以帮助我们了解这些动植物过去的外观或者它们的生活方式。

化石可以告诉我们有关这片栖息地过去的哪些信息？

想一想，说一说，写一写

1. 因果关系　当栖息地发生变化时，动植物会有什么反应？
2. 当栖息地发生变化时，动物如何继续生存？
3. **基本问题**　为什么栖息地会发生变化？

艺术链接

制作一张关于濒危动物的海报。

带你认识迈克·诺瓦塞克

迈克 · 诺瓦塞克

迈克 · 诺瓦塞克在南加州长大。他小时候曾去参观过洛杉矶的拉布雷亚沥青坑，从此，他爱上了化石和古生物。

▼迈克还曾去中国的戈壁沙漠*寻找化石。

---

*戈壁沙漠是世界上最北面的沙漠，位于中国与蒙古之间。

迈克现在的身份是美国自然历史博物馆的科学家。他在世界各地收集化石，爬行动物、哺乳动物和恐龙的化石都是他收集的对象。这些动物中，有很多动物是生活在8000万年前的远古动物。

迈克和他的团队曾前往戈壁沙漠寻找化石。他们在这里发现了著名的克里夫托巴塔尔（Kryptobaatar）化石，这是一种老鼠大小的小型哺乳动物，但是它们与恐龙生活在同一时间、同一区域！

迈克通过化石来探究过去。

说一说

因果关系　迈克为什么要研究化石？

▲克里夫托巴塔尔的头骨。

这是一片森林栖息地。这里有鹿、鸟、鱼和蛇等，还有各种各样的植物。如果这片栖息地突然发生了变化，会出现什么情况呢？

　　噢，不！森林着火了！小鹿逃走了；蛇从岩石下钻出来，赶紧溜走了；鸟儿也飞得离烟雾远远的。大多数动物都逃往安全的地方。

大火熄灭了。有些植物被烧死了，有些植物则顽强地活了下来。像杂草这样的植物会很快重新长出来。火灾之后，这些植物有了更多的生长空间，也可以获得更充足的光照。

动物们也回来了！它们可以吃新长出来的植物。鹿喜欢吃嫩绿的新叶，蛇游回岩石下，鸟儿飞回幸存的树上，狐狸也筑起了新巢。

第1章 复习和测试

词 汇

DOK 1

选择方框中合适的词汇填空，每个词汇限用一次。

干旱
濒危
食物链
栖息地
猎物

1. 当一种动物的数量所剩不多时，这种动物就处于__________状态。
2. 如果一个地方很长时间不下雨，这个地方就很__________。
3. 动物和植物共同生活的地方叫作__________。
4. 右图中的蚱蜢是鸟的__________。

5. 下图是__________的一部分。

科学技能和科学概念

DOK 2

请回答下列问题。

6. 总结　植物和动物是怎样相互利用的？

7. 比较下列两幅图片，它们有什么区别？你觉得发生了什么？

8. 排序　请按正确顺序排一条食物链。

兔子	太阳	狐狸	草

9. 当栖息地改变时，动植物会受到什么影响？

大概念

10. 栖息地里有什么？

做一名古生物学家!

科学家在沙漠里发现了位于同一岩层的一些化石。

- 很久以前，这个地方生活着哪些类型的动物和植物?
- 很久以前，这里的天气怎么样?
- 很久以前，这里的地貌可能是什么样子的? 请你用一幅图或一个模型表示出来。

测　试

1 仔细观察右图，下列哪两个词能最贴切地描述这个栖息地？

DOK 1

A 长满绿草、寒冷

B 湿润、长满绿草

C 寒冷、多雪

D 炎热、干燥

2 仔细观察下面这条食物链，蛇吃什么？

DOK 2

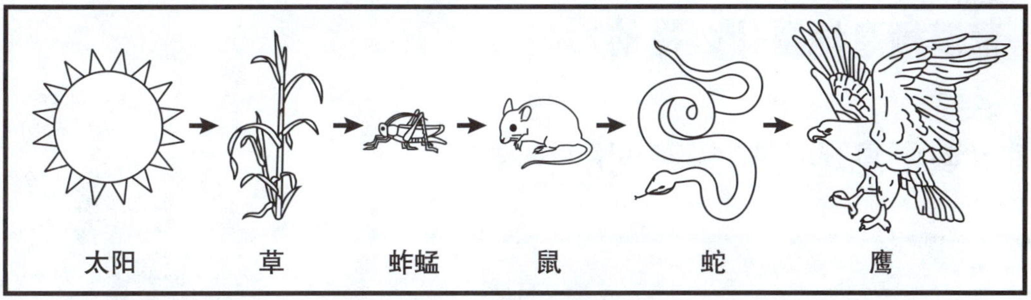

A 鹰　　B 鼠

C 蚱蜢　　D 草

3 如果一块动物化石与其所在的栖息地不匹配，这能告诉科学家什么信息？

DOK 2

A 这个动物长什么样。　B 这个动物生活的年代。

C 这个动物吃什么。　D 栖息地发生了什么变化。

第2章

各种各样的栖息地

大概念 栖息地有哪些不同的种类？

基本问题

第1课

森林栖息地中的生物是怎样生存的？

第2课

荒漠栖息地是什么样的？

第3课

水域栖息地有哪些不同的种类？

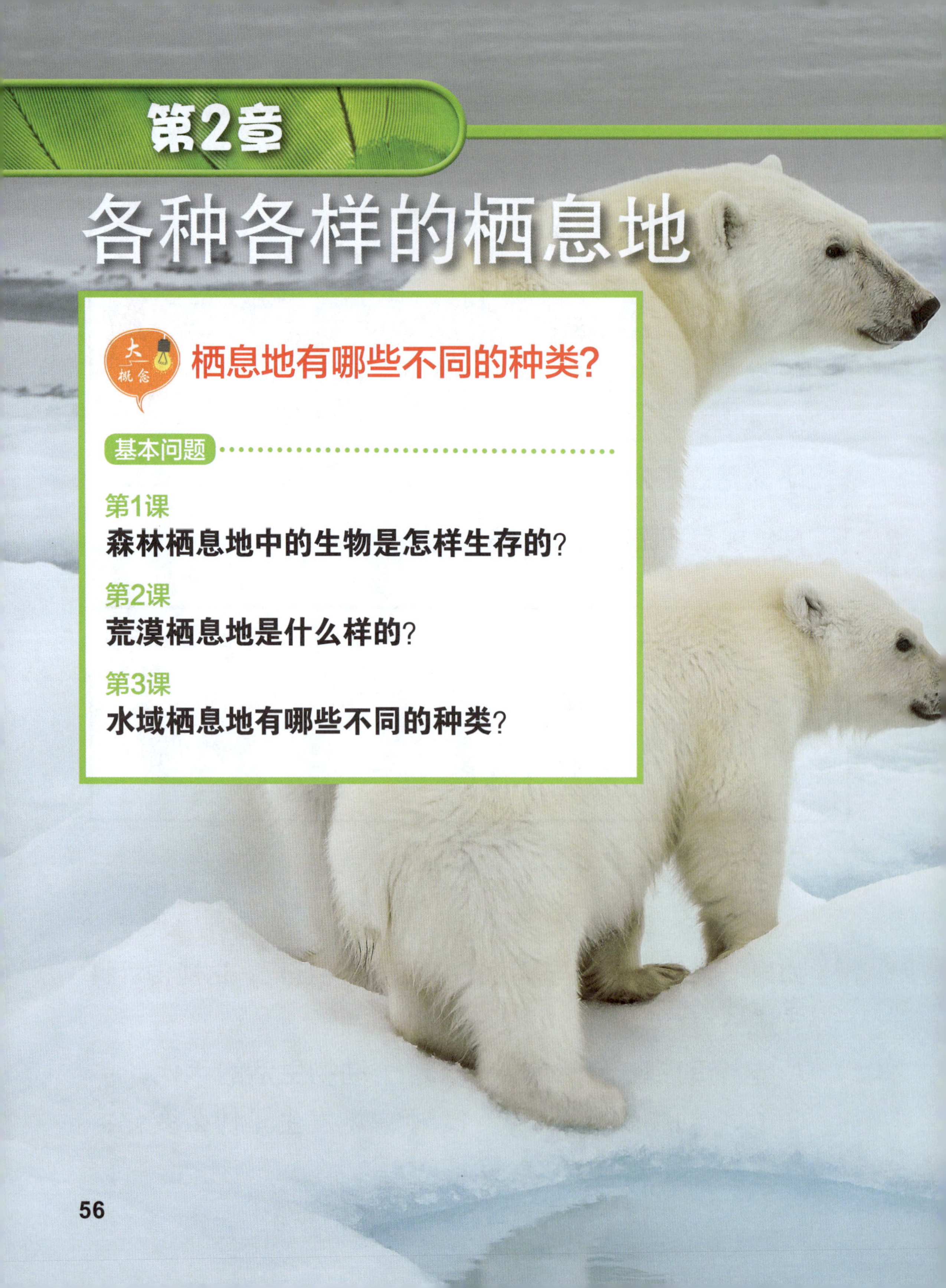

核心词汇

雨林 经常下雨的森林栖息地。

北极 靠近地球最北端，非常寒冷的地方。

海洋 广阔的咸水水体。

池塘 小型的淡水水体。

第1课

森 林

加拿大的班夫国家公园

看一看，想一想

这片森林和你所了解的森林有什么异同？

探究活动

森林是什么样的?

活动步骤

1 **建立模型** 将土壤、植物和岩石放入一个大瓶子，制作一个森林模型。

2 往土壤中浇水，并在土壤中放一只球潮虫，然后用保鲜膜覆盖瓶口，在上面戳一些小洞。将瓶子静置于窗户旁边。

3 **观察** 仔细观察你的模型，然后将它的变化记录在表格中。

进一步探究

4 **建立模型** 再做一个冬日森林的模型，然后将它的变化画出来。

材料

土壤

植物盆栽

保鲜膜

小块岩石

塑料瓶

球潮虫

读一读，学一学

基本问题

森林栖息地中的生物是怎样生存的？

词汇

林地

雨林

林地是什么样的？

林地（woodland forest）是一种森林栖息地，这里雨水、阳光充沛，树木长得非常茂盛。栖息地是动植物生活的家园，这里生活着鹿、黑熊和狐狸等。林地里还生活着许许多多的鸟类、昆虫和蠕虫。秋天，这里大部分树叶会变色，然后掉落在地上。当然，林地里也有一些四季常青的树木。

林地里的动物

居住在林地里的动物有自己特殊的生存本领。在春天、夏天和秋天，熊会用浆果、坚果和鱼把自己喂得饱饱的。到了冬天，林地里就很难找到那么丰盛的食物了，这个时候，熊会选择在洞穴或者空心的树洞里冬眠。

负鼠

山雀

浣熊

动物的特征

猫头鹰有一双大眼睛。在夜间，它们靠视觉和听觉来捕捉猎物。

啄木鸟能用锋利的喙啄开树木，寻找昆虫。

鹿的皮毛有特殊的颜色和斑点，这可以帮助它们在森林里隐蔽自己。

花栗鼠胖嘟嘟的大脸颊可以用来存储很多坚果。

读　图

啄木鸟如何获取食物？

林地中的动物们是怎么生存的？

什么是热带雨林？

热带雨林（rain forest）是一种几乎每天都下雨的森林栖息地。

热带雨林的各个角落里生活着多种动植物：蝙蝠、昆虫、色彩斑斓的鸟儿等动物生活在树冠上；美洲豹、貘和野猪等动物生活在地面上。

迷你实验

观察蠕虫并记录你看到的现象。

▶ 鹦鹉以树上的果实和种子为食。

▼ 貘在地面上寻找食物。

有些树木长得很高大，树叶郁郁葱葱，树冠挡住了大部分阳光。有些兰花、蕨类和苔藓等植物直接依附在树枝上，以此来获取生存所需的阳光。

有些植物的生存甚至不需要土壤，它们生长在树木上，从树木中获取营养物质，也依靠树木来保护自身的安全。

这株兰花的根从空气和雨水中获取水分。

雨林中的植物如何生存？

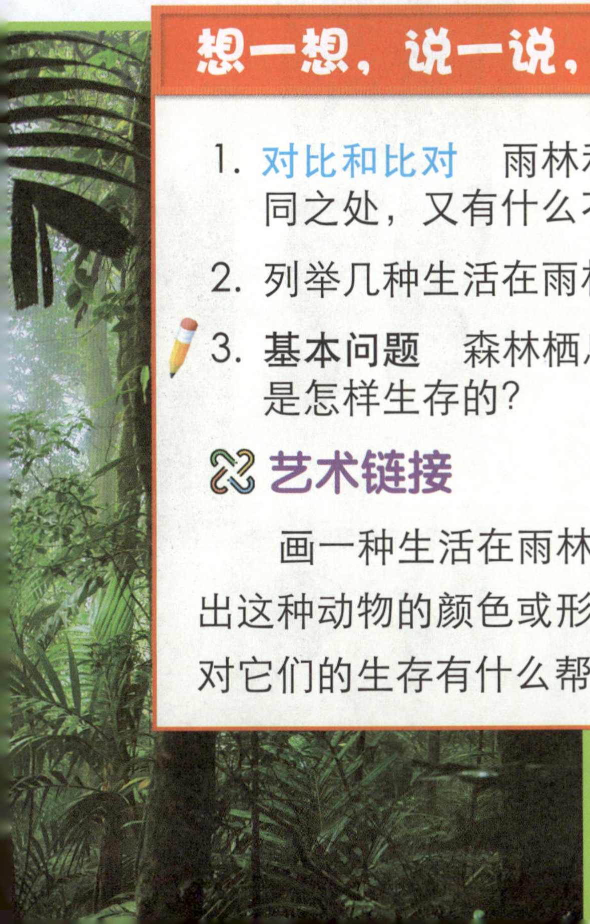

想一想，说一说，写一写

1. 对比和比对　雨林和林地有什么相同之处，又有什么不同之处？
2. 列举几种生活在雨林中的动物。
3. **基本问题**　森林栖息地中的生物是怎样生存的？

艺术链接

画一种生活在雨林中的动物，注意画出这种动物的颜色或形状特征，并说明这对它们的生存有什么帮助。

▲有些动物身上的颜色和图案会吓跑其他动物。

带你认识

莉莉安娜

莉莉安娜是一名生物学家。生物学家就是专门研究生物的科学家。

在南美洲亚马孙热带雨林中，居住着各种各样的动物。但是随着人们不断地砍伐树木，很多动物渐渐地失去了自己的家园。

莉莉安娜是美国自然历史博物馆的一名科学家，她很担心这些面临困境的动物，特别是一种会唱歌，叫作侏儒鸟的动物。这些鸟生活在哥伦比亚地区，正处于濒危状态。

这是一只线尾侏儒鸟，它是亚马孙热带雨林里色彩最丰富的侏儒鸟之一。

莉莉安娜致力于保护侏儒鸟和它们的家园。她统计了侏儒鸟和其他鸟类的数量，并给它们拍照。然后她把这些信息绘制在地图上。这些地图可以帮助人们判断哪片森林和哪些动物需要被保护。

人们为了木材，砍伐了这片森林。

说一说

对比和比对　你还知道哪些栖息地？它们与雨林有什么相同之处，又有什么不同之处？

AMERICAN MUSEUM of NATURAL HISTORY

第2课

炎热或寒冷的荒漠

美国加利福尼亚荒漠里的野花

看一看，想一想

这些植物是怎样生存的？

探究活动

叶子的形状对植物有什么帮助?

材 料

纸巾

剪刀

胶带

水

保鲜膜

活动步骤

1. 用纸巾剪出两片叶子。
2. 将其中一片纸巾卷起来，并用胶带粘好；另一片保持不变。

3. 将两片纸巾都放在保鲜膜上并弄湿。
4. **观察**　每15分钟检查一遍纸巾的情况。哪片纸巾干得更快?

进一步探究

5. **得出结论**　在干燥少雨的地方，你可能找到哪种形状的树叶?

读一读，学一学

▶ **基本问题**
荒漠栖息地是什么样的？

▶ **词汇**
荒漠
北极

炎热的荒漠是什么样的？

荒漠（desert）是一片干旱少雨的栖息地。有些荒漠白天炎热，晚上却十分凉爽。那里的土壤富含沙子和岩石，仙人掌和一些草可以在炎热的荒漠中生存。

很多生长在荒漠中的植物可以将水分储存在它们的茎或叶中。有些荒漠植物的根扎得很深，在下雨的时候，这些根可以充分吸收水分。还有些荒漠植物在炎热的白天，叶子会卷起来，以此来躲避过多的光照，并减少水分的蒸发。

在荒漠里获取水分

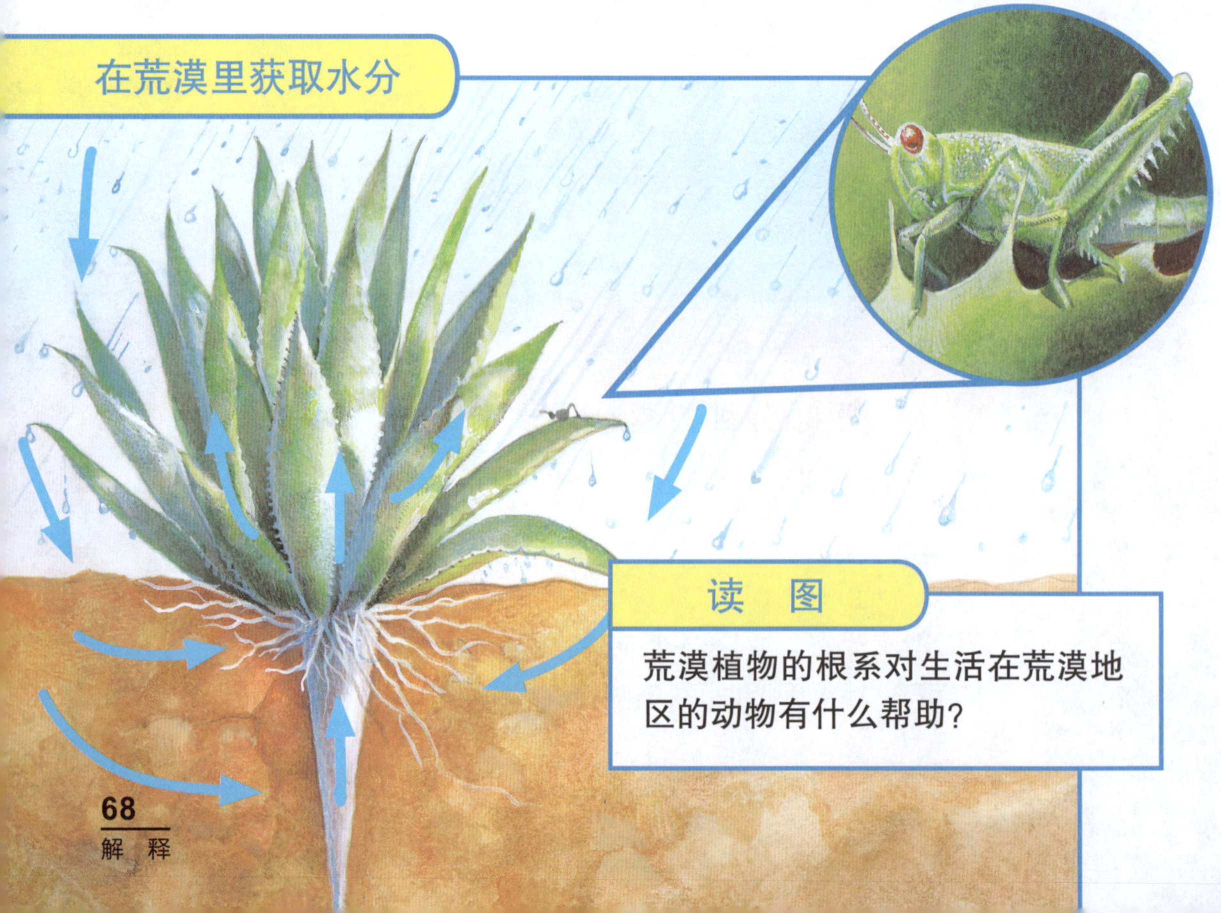

读　图

荒漠植物的根系对生活在荒漠地区的动物有什么帮助？

蛇

吉拉毒蜥

乌龟、蛇和蜥蜴等动物可以生活在荒漠里。生活在炎热荒漠里的动物只要很少的水分就能存活。荒漠动物生存所需的水分大部分都来源于植物或其他动物。

荒漠里的许多动物皮肤颜色都很浅，这能帮助它们避免过多地吸收光照以及躲避其他动物的追捕。大多数生活在荒漠里的动物选择在白天睡觉，等晚上凉快一点的时候再出来活动。

蜥蜴

郊狼

荒漠中的动物是怎么生存的?

北极是什么样子的？

地球上还有一些非常寒冷的荒漠，北极（arctic）靠近北极点，是一片寒冷的荒漠。那里既寒冷又干燥，生活着北极狐、驯鹿、北极熊和海象等动物。北极狐和北极熊都有厚厚的白色皮毛，这能帮助它们御寒和藏身。海象和海豹有一层能帮助它们生存的厚厚的脂肪。

迷你实验

调查北极的动物是怎样生存的。

海象在浮冰上休息。

白鼬

驯鹿

北极有许多矮小的植物，但没有高大的树木。北极的植物贴着地表生长，这能帮助它们抵御肆虐的寒风。

这些植物的叶子通常都很细小。它们的根也扎得很浅，这是因为在北极地表下的土壤常年保持着冰冻状态。

北极的动植物是怎样生存的？

想一想，说一说，写一写

1. 分类　列举一些生活在炎热荒漠中的动物和生活在寒冷荒漠中的动物。
2. 哪些植物生活在炎热的荒漠中？
3. **基本问题**　荒漠栖息地是什么样的？

艺术链接

分别画出生活在炎热荒漠中的动物和生活在北极的动物，并画出它们是如何在恶劣的气候条件下生存的。

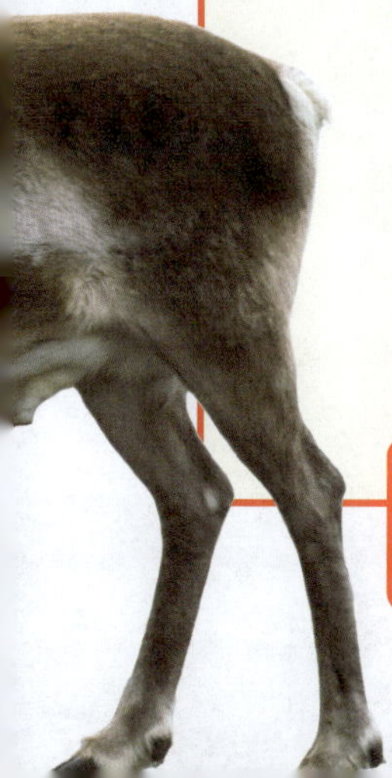

真相　**在北极，适宜植物生长的时间很短，大多数植物都在同一时间开花。**

第3课

海洋和池塘

看一看，想一想

咸水栖息地中的动植物是怎样生存的？

探究活动

哪些动物生活在咸水栖息地？

活动步骤

1. 在两个容器中倒入一些水，其中一个容器中加入两勺盐，并搅拌均匀；另一个容器中不加盐。
2. 在两个容器中各加入一勺卤虫卵。

步骤 2

3. **观察** 用放大镜观察两个容器一周内每天发生的变化，并将结果记录在表格中。

进一步探究

4. **记录数据** 如果你把孵出的卤虫在黑暗的环境中放置一周，会发生什么？

材 料

两个容器

盐

量勺

量杯

卤虫卵

放大镜

读一读，学一学

基本问题
水域栖息地有哪些不同的种类？

词汇
海洋
池塘

海洋是什么样的？

海洋（ocean）是一片广阔的咸水水体。海洋中的水总是流动着的。地球表面的大部分地方都被海洋覆盖。

海带是一种海洋植物，它是一种藻类。海带丛就像海洋中的一片森林，它们为许多海洋动物提供食物和居所。

▼ 不同的动物生活在海洋的不同区域。

海洋里的生物

读　图

哪些动物生活在深海区？

生活在海里的大部分动物都会游动。它们的身体结构很特殊，通常用鳍或蹼来游泳。水母和乌贼通过吸水和排水的方式游动。

海洋动物也需要保护身体。海龟和蛤类有壳的保护，还有一些海洋动物则有脊椎的保护。

迷你实验

调查　观察鱼在水中是怎样游动的。

海星和河豚生活在海岸带。

海洋中的生物是怎样生存的？

▲ 这条形状像火箭一样的鲨鱼，它的游动速度非常快。

枪乌贼生活在浅海区。

鮟鱇生活在深海区。

海龟用脚蹼游泳。

水母有刺针。

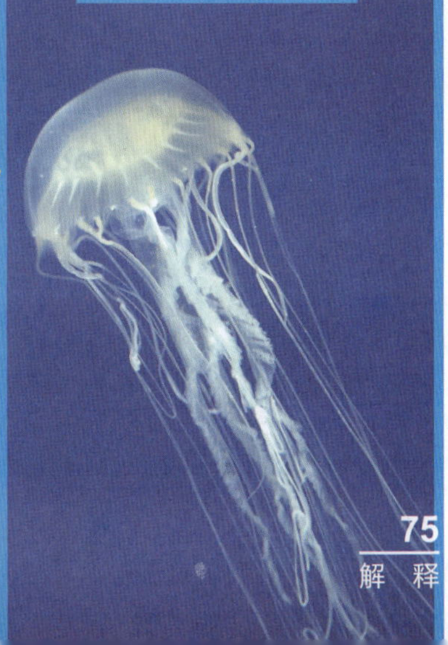

池塘是什么样的?

池塘(pond)是一种小型的淡水水体，这里的水通常不太流动。淡水中几乎不含盐，大多数生活在淡水中的动物都无法在咸水中生活。

青蛙、鱼和乌龟吃池塘里的昆虫等；蛇生活在池塘附近的草丛中，以小鱼和青蛙为食。

蓝鹭

水蛇

鱼

麝鼠

生长在池塘边的水生植物，它们的根扎在水下，茎、叶和花会露出水面，从而获取更多的阳光。

池塘中的动物通过不同的方式呼吸：有些昆虫用呼吸管呼吸，比如，蚊子的幼虫会将呼吸管伸出水面，以此来获取空气；蝾螈通过皮肤呼吸；鱼则用鳃呼吸。

豉甲通过捕捉水中的气泡来呼吸。

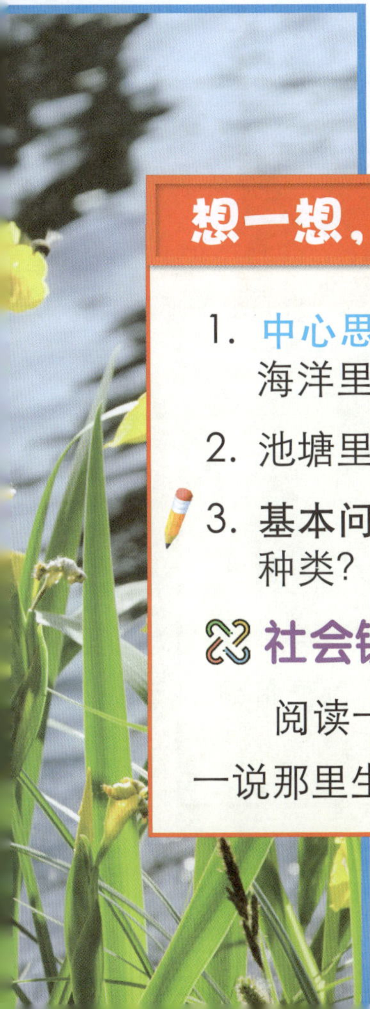

池塘栖息地中的生物是怎么呼吸的？

想一想，说一说，写一写

1. 中心思想和论据　哪些动植物生活在海洋里？
2. 池塘里的植物是怎样生长的？
3. **基本问题**　水域栖息地有哪些不同的种类？

社会链接

阅读一些关于海洋的文献，说一说那里生活着哪些动植物。

海边度假

在海边度假是怎样的一种感觉？

写作

写一则海边度假发生的故事。你是怎么去的？你会和谁一起去？

在故事中描述你可能看到、听到或做的事情，记录下你的感受。

提示

一个故事应该有开头、过程和结尾。好的故事应尽量使用描述性的语言。

池塘里的记录表

吉姆和他的家人去了一个池塘。在那里，他们看到了许多动物。

火蜥蜴

鱼

乌龟

青蛙

制作表格

吉姆一共看见了8只火蜥蜴、6只青蛙、10条鱼和3只乌龟。制作一个如图所示的表格，记录吉姆在池塘里看到的每种动物的数量。

提示

用尺子画图表，这样的图表读起来更方便，也更美观。

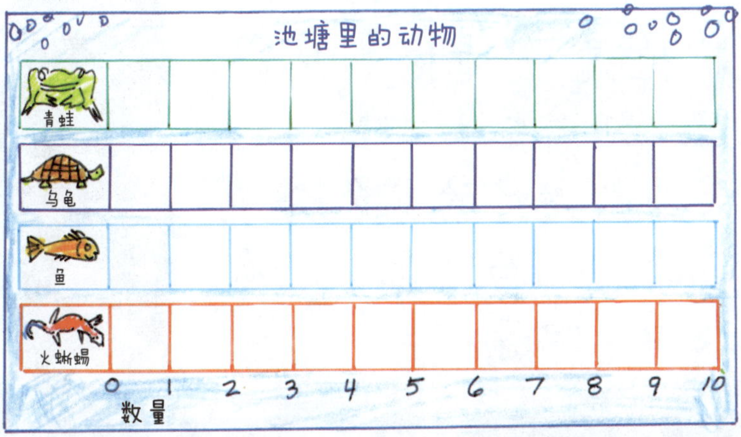

阅读回顾

不同的栖息地

林地是一种栖息地。林地里生活着熊和老鼠。这里，大多数树叶的颜色会随着季节的变化而变化，还有些树木四季常青。

有一些动物生活在寒冷的地方，如北极。北极是一片荒漠，这里生活着麝牛、北极熊和驯鹿。北极的冬天冰冷酷寒，这里的动物有各种不同的御寒本领。

珊瑚礁是一种有生命的海洋栖息地。珊瑚是由多种微小生物组成的。鱼和其他动物在珊瑚礁里游泳、嬉戏、藏身和觅食。

池塘是另一种水域栖息地。短吻鳄生活在池塘里。在这里，鳄鱼可以藏在水下捕捉食物，鱼和其他动物则可以在池塘里的水草丛中藏身。

第2章 复习和测试

词 汇

DOK 1

选择方框中合适的词汇填空，每个词汇限用一次。

北极
荒漠
海洋
雨林
林地

1. 图中这种炎热又干燥的栖息地称为__________。

2. 图中这个位于地球最北端的寒冷的栖息地叫作__________。

3. 图中这种栖息地称为__________。

4. 图中这片很大的咸水水体叫作__________。

5. 图中这种栖息地叫作__________。

科学技能和科学概念

DOK 2

请回答下列问题。

6. 推理　这是哪种栖息地？这里生活着哪些动植物？

7. 对比和比对　炎热的荒漠和北极相比，有什么相同之处，又有什么不同之处？
8. 截然不同的栖息地中的动物各是怎样生存的？请举例说明。
9. 你家附近有哪些类型的栖息地？

大概念

10. 栖息地有哪些不同的种类？

表现性评价

DOK 3

找线索!

科学家通过观察来寻找解答问题的线索。观察图片，根据你找到的线索来回答下列问题。

- 这些动物生活在什么样的环境中?
- 你觉得它们的哪些身体结构有利于自己生活在这样的环境中?
- 你认为这些动物是如何保证自身安全的?

测 试

1 下列哪种动物或植物没有生活在林地栖息地？

DOK 2

A 浣熊

B 松树

C 黑熊

D 仙人掌

2 观察图片，回答问题。北极熊的哪一种特性有利于它在寒冷环境中生存？

DOK 1

A 厚厚的皮毛

B 敏锐的视力

C 白白的颜色

D 锋利的牙齿

3 沙漠里的动物主要从哪里获取水分？

DOK 1

A 吃其他动植物。

B 喝小溪或河流里的水。

C 喝地下水。

D 从空气中吸收水分。

海洋生物学家

你想帮助保护海豚和鲸鱼吗？是的话，你可以考虑做一名海洋生物学家。

海洋生物学家通过多种方式保护海洋栖息地。有些人负责研究海洋和海洋生物，他们想弄清楚海洋生物到底需要什么；还有一些人负责向大众宣传我们为什么要迫切保护海洋和海洋生物。

保护海洋生物的工作者还包括兽医和海底摄影师等。

海洋生物学家

更多相关职业

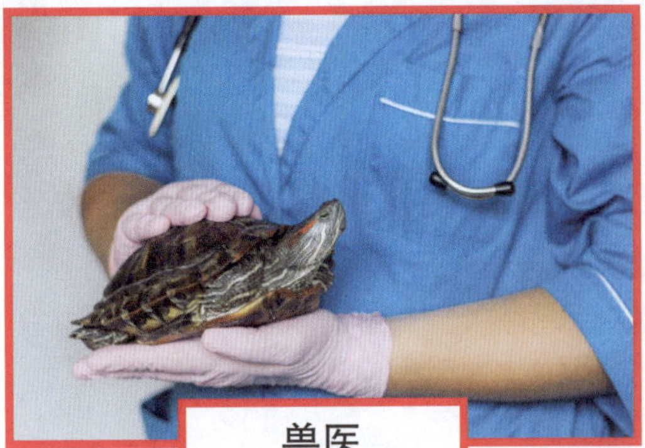
兽医

海底摄影师

参考

科学指南

健康指南

测　量

非标准化测量

我们可以用一些物体来测量其他物体的长度，将用来测量的这些物体排列整齐，并数出它们的数量，以此统计待测物体的长度。用来测量的物体必须是同一种，它们的大小也要相同。

▲ 这条绳子大约有8枚回形针那么长。

▲ 这条绳子大约有两只手掌那么长。

试一试

测量教室里的一个物品，并告诉大家你是怎么测量的。

标准化测量

我们也可以用尺子去测量一个物体的长度。测量时，我们用到的其中一个单位叫**“厘米”**（centimeter）。

◀这个玩具长约8厘米，可以记作“8 cm”。

我们还可能用到另外一个长度单位，叫**“英寸”**（inch）。1英寸比1厘米要长。

◀这个玩具长约3英寸，可以记作“3 in”。

试一试

估算一下这辆玩具车的长度，然后测出它准确的长度。

测 量

体积

你可以用一个量杯（measuring cup）来测量液体的体积。体积是指液体所占的空间大小。

▲ 这个量杯中有400 mL牛奶。

质量

你可以用天平（balance）来测量一个物体的质量。天平上，质量大的那一端会下沉。

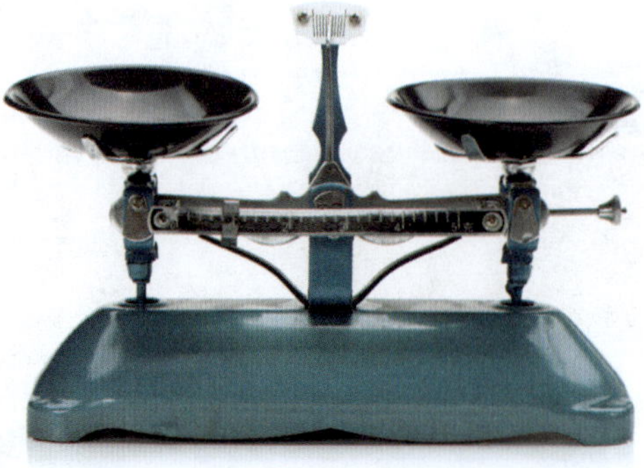

▲ 在比较两个物体的质量之前，要先确保指针指在天平正中间的直线上。

试一试

在天平两端各放一个物体，比较哪个物体的质量更大。

时间

我们可以用**时钟**（clock）来计量时间。时间的单位有时、分、秒。1小时有60分。

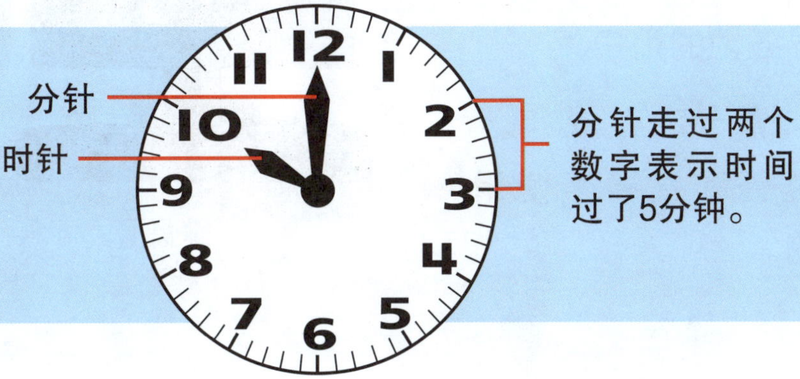

温度

我们可以用**温度计**（thermometer）来测量物体的温度。温度的单位有摄氏度和华氏度。

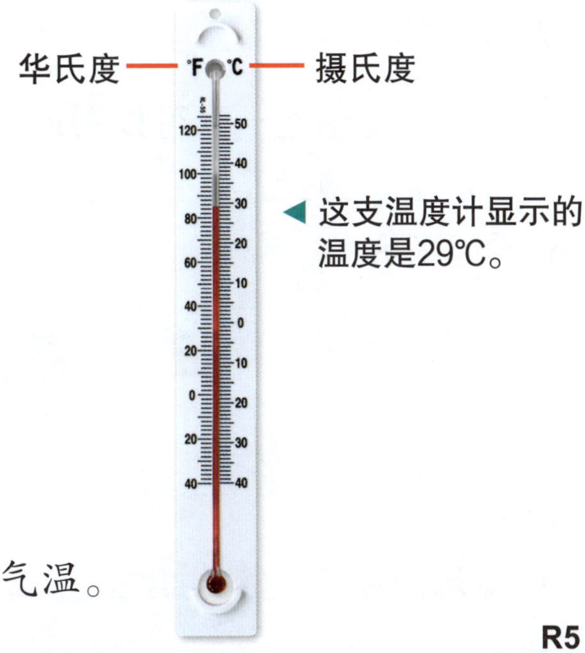

试一试

用温度计测量今天室外的气温。

科学工具

电脑

电脑是一种可以帮助你获取信息的工具。你可以利用互联网连接世界各地的用户。

请一定在成年人的监督和指导下使用电脑。

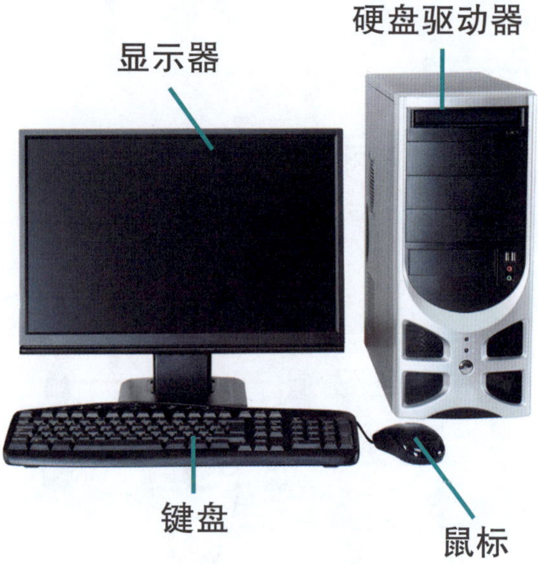

放大镜

放大镜也是一种可以帮助你获取信息的工具。它能使物体看起来更大。

试一试

用放大镜观察一个物体，并画出你所看到的内容。

图表

条形图

条形图能够用来处理数据。图表的标题可以告诉我们数据的内容。带阴影的条形表示每种物体的数量。

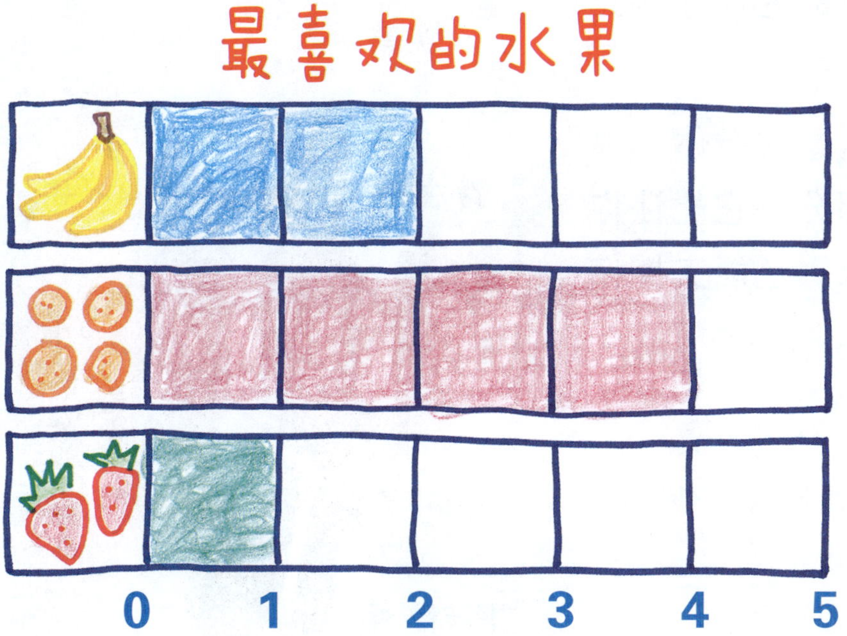

试一试

制作一张条形图，用它来统计同学们最喜欢的水果。

人体结构

骨骼系统

你的身体由很多部分组成，各个部分协同运作，你的身体才能正常地活动。

骨骼是你身体中最坚硬的部分。它能让你保持直立，还能支撑你的身体。

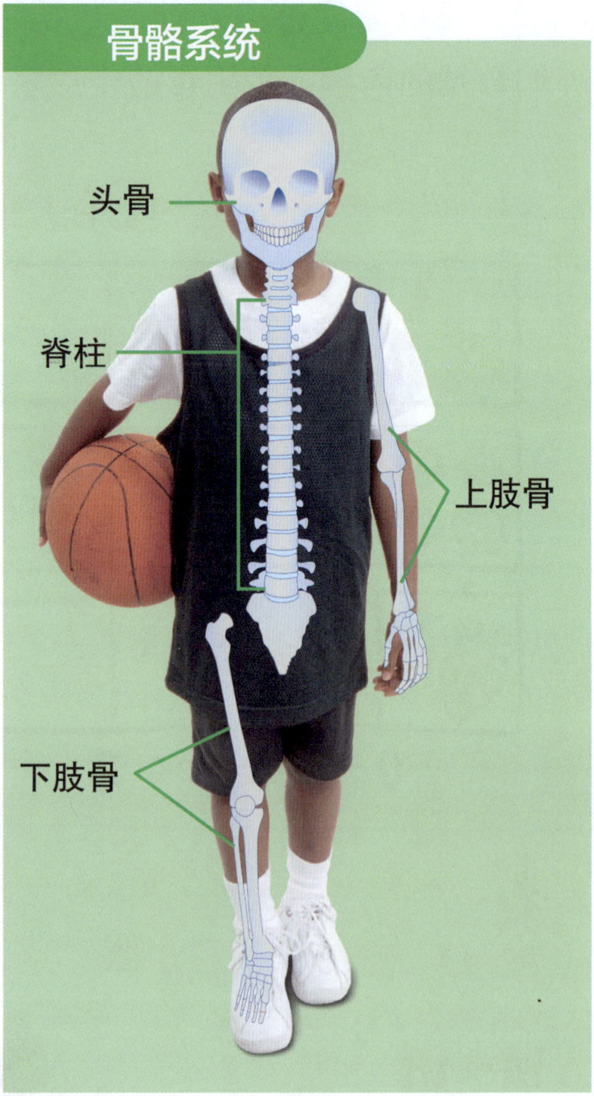

试一试

数一数一只手臂上有多少根骨头。

肌肉系统

肌肉是身体中帮助你运动的部分。体育锻炼能够让你的肌肉更结实。

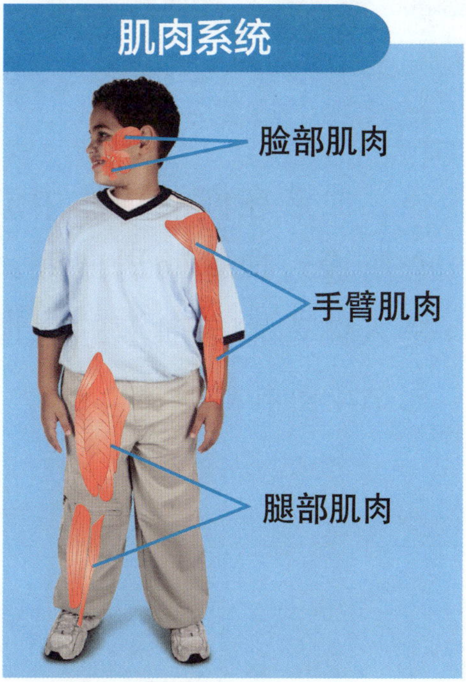

神经系统

你的大脑能够把信息传递到身体的各个部位。这些信息沿着一种称为神经的微小组织进行传播。这些信息能够传递身体运动的指令，还能提醒你注意危险。

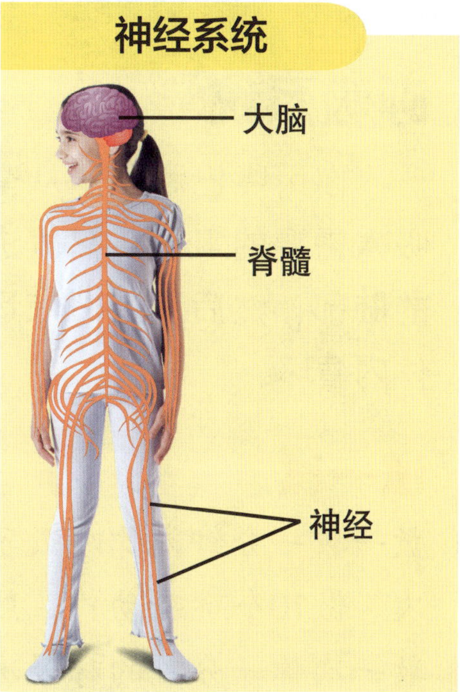

试一试

在原地跳一跳。这个过程中，你都用到了哪些肌肉？

人体结构

血液循环系统

血液在你的身体中流动。心脏通过血管输送血液。血管是人体内输送血液的通道，它包括动脉和静脉。

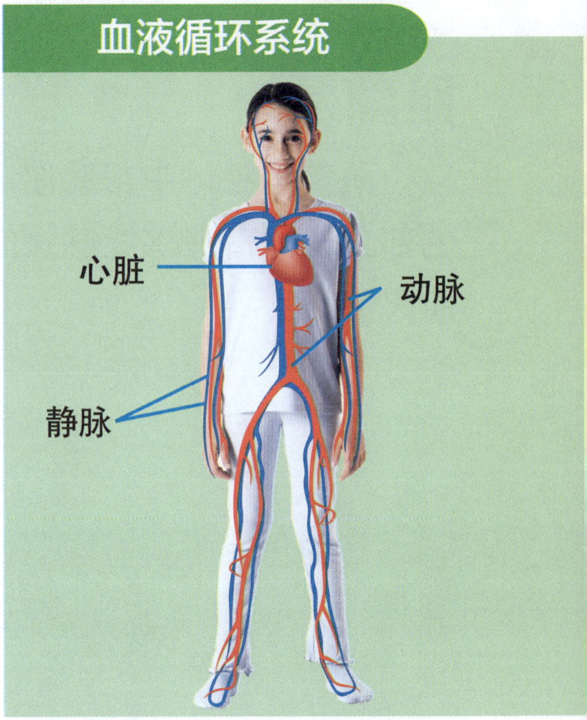

呼吸系统

你用嘴巴和鼻子从空气中吸入需要的氧气。氧气进入你的肺部，然后通过血液运输在体内循环。

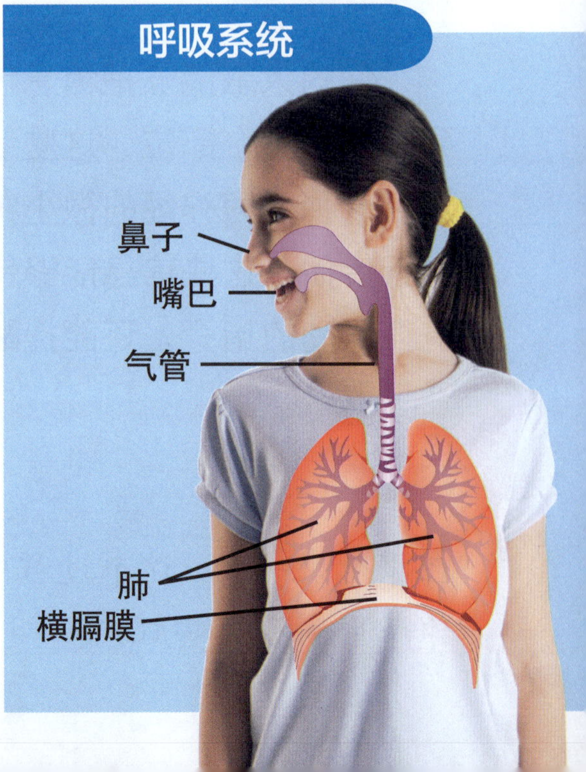

试一试

数一数一分钟内你呼吸了多少次。做10个跳跃动作，然后再数一次你一分钟的呼吸次数。

消化系统

人们通过摄取食物来获取身体所需的能量。食物通过嘴巴进入身体。胃和肠道帮助你分解食物，让你从中获取营养。

消化系统

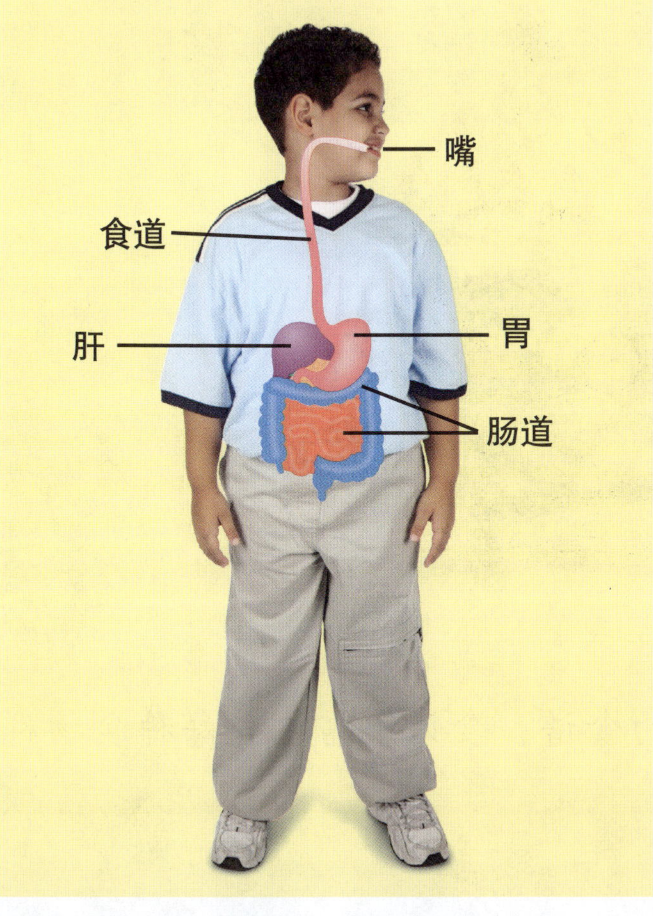

试一试

在你摄取食物的过程中，用到了哪些身体器官？

食物金字塔

食物金字塔是健康饮食的指南。健康的饮食结构需要包括五种食物群。食物群是由相似的食物组成的。

我们要多吃金字塔中底部较大部分的食物，少吃金字塔顶部较小部分的食物。

试一试

设计一份健康饮食的食谱，食谱中需包含每种食物群中的至少一种食物。

健康的食物

食物中的营养物质能够保持人体健康。一种叫作碳水化合物的营养物质能提供人体所需的能量，而蛋白质则有助于人体生长发育。

鹰嘴豆

世界各地的人们从不同的食物中摄取营养。

世界各地的食物

食物	地区	营养
米饭	亚洲	碳水化合物
玉米饼	中美洲	碳水化合物
小米	非洲	碳水化合物
鹰嘴豆	中东	蛋白质
油橄榄	欧洲	油

油橄榄

米饭

试一试

列出你最喜欢的食物，找出这些食物中含有哪些营养成分。

保持健康

想要每天都充满活力，你就要经常运动，运动能保持你的心肺健康。

在你的成长过程中，医生们能帮助你保持健康。

▲ 锻炼能增强体质。

▲ 每年定期去医院进行健康检查。

试一试

记录你一周锻炼的次数。

身体保护

烟草和酒精都会对你的身体健康造成危害。吸烟会伤害你的呼吸系统，酒精会让你的思维和身体反应迟钝。

▲ 只服用父母或医生给你的药物。

这里有一些保持身体健康的方法。▼

试一试

设计一张拒绝毒品的海报，并在学校里分享。

安全

室内安全

为保证室内安全，请不要随意触摸危险物品。当你看到可疑物品时，马上告知大人。未经允许，不要尝任何东西。

万一发生火灾，赶快逃离。如果你的衣服着火了，记住三要诀：停下、趴低、打滚。

▲ 不要随意触碰这些物品。

试一试

练习一下三要诀：停下、趴低、打滚。将这些动作教给你的一个朋友吧。

户外安全

为保证户外安全，请遵守下列规则。

▲ 骑车时戴上头盔。

▲ 过马路走人行横道。

▲ 坐车时系好安全带。

▲ 遵守比赛规则。

试一试

选择上述任意一个规则，制作一张安全行为规范的海报。

风力等级

大风天是很危险的。暴风雨来临前，千万不要在户外玩耍。科学家们会用下面这类标准来判断风力的大小。

▼ 下面是蒲福风级表。

风力等级

	等级	你能看到的现象	风速
	0	平静	每小时小于1千米
	3	微风	每小时12～19千米
	6	强风	每小时39～49千米
	9	烈风	每小时75～88千米
	12	飓风	每小时118～133千米

试一试

朝窗外看看，今天是哪种风？试着通过蒲福风级表来判断今天的风力等级。

《科学启蒙（第二版）》版权声明

科学启蒙（第二版） 栖息地 ②

McGraw-Hill Education
Science A Closer Look
Habitats
978-0-02-136115-1

浙江省版权局著作权合同登记号：11-2018-537

图书在版编目（ＣＩＰ）数据

科学启蒙 ：第二版. 栖息地. ② / (美) 杰伊•哈克特等著 ；张俊等译. -- 杭州 ：浙江教育出版社，2019.11（2022.8 重印）
ISBN 978-7-5536-9616-4

Ⅰ. ①科… Ⅱ. ①杰… ②张… Ⅲ. ①科学知识—少年读物②栖息地—少年读物 Ⅳ. ①Z228.1②Q14-49

中国版本图书馆CIP数据核字(2019)第240696号

科学启蒙（第二版）
KEXUE QIMENG (DI ER BAN)
栖息地 ②
QIXIDI 2

出版发行　浙江教育出版社（杭州市天目山路40号　电话：0571-85170300-80928）
原 著 名　SCIENCE A CLOSER LOOK
HABITATS
本册翻译　张　俊　邓小耶　沈聪聪
图片来源　海洛创意
责任编辑　杨　艳
封面设计　韩　波
责任校对　余晓克
责任印务　沈久凌

图文制作　杭州兴邦电子印务有限公司
印　　刷　杭州富春印务有限公司
开　　本　787mm×960mm　1/16
印　　张　7.5
字　　数　173 000
版　　次　2019年11月第1版
印　　次　2022年8月第4次印刷
标准书号　ISBN 978-7-5536-9616-4
定　　价　28.00元